Mit Bildern lesen lernen!

Liebe Eltern,

Bilder sind viel einfacher zu lesen als Wörter und Sätze. Wenn in einer Geschichte Wörter durch Bilder ersetzt sind, werden gerade Leseanfänger leichter zum Anschauen und Lesen verlockt.

Ein schönes Lesespiel: Sie lesen den Text, Ihr Kind sagt jeweils das Wort für das Bild – und lernt dabei etwas ganz Wichtiges: Lesen heißt immer auch überlegen, was als nächstes Wort folgen könnte.

Aber auch für Kinder, die schon alleine lesen wollen, sind die übersichtlich gegliederten Geschichten eine geeignete Herausforderung. Die eingestreuten Bilder helfen beim Lesen. Und auf den Suchbildern am Ende jeder Geschichte finden die Kinder eine spielerische Auflösung: die im Text verwendeten Bilder und die dazugehörigen Begriffe.

Prof. Dr. Manfred Wespel,
lesedidaktischer Berater des
KÄNGURU-Programms

Markus Grolik

Kunterbunte
Indianergeschichten

arsEdition

Die Deutsche Bibliothek – CIP-Einheitsaufnahme

Grolik, Markus
Kunterbunte Indianergeschichten / Markus Grolik. - München : Ars-Ed., 1999
  (Känguru : Mit Bildern lesen lernen)
  ISBN 3-7607-3792-7

Lesedidaktische Beratung: Prof. Dr. Manfred Wespel

Gedruckt auf umweltfreundlichem Papier ohne Chlorbleiche

© 1999 by arsEdition, München
Alle Rechte vorbehalten
Ausstattung und Herstellung: arsEdition, München
Titelbild und Innenillustrationen: Markus Grolik
Titelvignette: Carola Holland
Einbandkonzeption: Ralph Bittner
Druck und Bindung: Westermann Druck Zwickau GmbH
Printed in Germany · ISBN 3-7607-3792-7

Inhalt

Unter Geiern

Häuptling Großer Pechvogel

zieht seine schönste  an und

setzt seinen  auf.

Heute treffen sich alle

am roten .

Sie wollen feiern

und um das  tanzen.

 freut sich:

„Heute bin ich der schönste ."

Er klettert zufrieden

auf sein  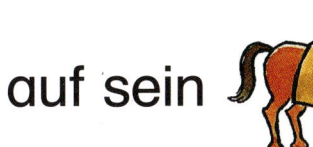 und reitet los.

Ein paar   kreisen am  .

Plötzlich fliegt ein dicker

auf  zu.

Der dicke  kackt

mitten auf den  .

„Das darf doch nicht wahr sein!

Mein schöner  !",

schimpft .

„So ein blöder !

Warte nur – wenn ich dich erwische!"

 springt wütend vom .

Er nimmt seinen

und schleudert ihn auf den .

Der  streift nur eine .

Krächzend flattert der  davon.

„Was mache ich jetzt nur?",

seufzt  .

„Wenn mich die anderen  sehen,

lachen sie mich bestimmt aus."

 überlegt:

„Ich muss mich irgendwo waschen.

Beim großen  ist ein  .

Dort sieht mich keiner."

 reitet schnell los.

Bald erreicht  den ⬭ .

Er springt vom  .

Doch plötzlich bleibt er stehen.

Häuptling Dicker Hund

sitzt im ⬭ und badet.

 will sich schnell verstecken.

Doch  hat ihn schon entdeckt.

Er ruft: „Hallo,  !

Stell dir vor, was mir passiert ist.

Ein  kackt mir auf den

und lacht mich auch noch aus!"

 kichert:

„Rate mal, was mir passiert ist!"

 rät immer falsch.

Da beginnt  zu erzählen.

Lachend waschen sie sich im Tümpel.

Dann reiten sie zu den anderen .

Als der 🌙 aufgeht,

hört man sie noch immer lachen.

Feder

Tomahawk

Felsen

Feuer

Hose

Großer Pechvogel

Geier

Mond

Tümpel

Kopf

Himmel

Kaktus

Pferd

Federschmuck

Dicker Hund

Indianer

Jagdfieber

Wilder Biber  prahlt:

„Heute jage ich meinen ersten .

Ich habe einen ⬆ geschnitzt,

mit dem ich bestimmt treffe."

Kleine Wolke  fragt:

„Darf ich dich begleiten?"

 schüttelt den  .

„Du hast kein  und keinen  ."

 fleht: „Bitte, bitte!"

 überlegt:

„Na gut. Du kannst mir helfen,

wenn ich dem

das  abziehe."

 und  reiten zum  .

Am anderen  steht wirklich

ein  und trinkt.

 prahlt:

„Jetzt pass auf, wie man das macht!"

Er schleudert seinen

nach dem  .

Doch der  landet im  .

Der  schnaubt und läuft davon.

 sitzt im  und jammert:

„Oje! Mein  ist futsch.

Und  und  habe ich

im  vergessen.

Wie soll ich nun einen  jagen?

Alle werden mich auslachen."

 sagt:

„Wir sind doch am  .

Wir können  fangen."

 seufzt:

„Wie denn? Wir haben keine 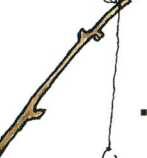 .

Und mein  ist weg."

 holt einen langen

und pflückt eine  .

Dann läuft sie zum  .

 packt den und reißt vorsichtig ein  heraus.

Das  wiehert überrascht.

 füttert es mit der  .

Dann bindet sie das an den .

 ruft:

„Wir brauchen noch einen  ."

Er gräbt im  nach einem

und bindet ihn an der  fest.

 und

angeln 5 große  .

Als sie zu ihrem  zurückreiten,

sagt  :

„Gut, dass du mitgekommen bist!"

Pferdeschwanz

Kopf

Wurm

Pfeil

Ufer

Zelt

Speer

Wilder Biber

Bison

Ast

Blume 　　**Haar**　　**Gras**

Angel

Bogen

Fisch

Fluss

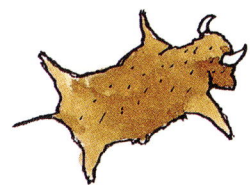

Fell

Pferd

Kleine Wolke

Der große Bär

Der kleine  fragt

den Häuptling Großer Bär  :

„Wieso heißt du

‚Großer  '?"

„Weil ich einmal einen großen

mit einem einzigen  erlegt habe",

antwortet  .

Der kleine

will auch „Großer  " heißen.

Er holt sich  und

aus dem  .

Dann geht er in den  .

Der kleine  sucht einen  .

Doch er ist viel zu laut.

 knacken unter seinen  .

Nirgends ist ein  zu sehen.

Nur ein  sitzt im  .

Der kleine  spannt den

und schießt.

Doch der  ist zu weit weg.

Der  landet in einem  .

Der kleine  seufzt:

„Wie wird man mich nennen,

wenn ich keinen  erlege?

Etwa ‚Krummer  ‘ oder

‚Schlapper  ‘?"

Schon geht die  unter.

Im  wird es dunkel.

Der kleine  setzt sich

unter einen großen alten  .

Der  geht auf.

Irgendwo heult ein  .

Ein  brummt.

Ein  schnaubt.

Der kleine fürchtet sich.

„Hoffentlich geht die

bald wieder auf",

flüstert der kleine  .

Als die  aufgeht,

sitzt ein riesiger

auf dem  des kleinen  .

Vorsichtig schleicht der kleine

aus dem  .

Vor seinem  wartet .

„Du hast keinen  erlegt,

aber du hast den schönsten

weit und breit gefunden",

sagt .

„Von nun an sollst du ‚Großer '

heißen."

Kopf

Sonne

Pfeil

Baum

Wald

Zelt

Großer Bär

Schmetterling

Bison

Mond

Gebüsch

Füße

Wolf

Bogen

Zweige

Bär

Indianer

Hase

Geheimnisvolle Rauchwolken

Cowboy Bert ![] übernachtet

mit seinem ![] an einem ![] .

![] sammelt ein paar trockene ![] .

Damit macht er ein ![] .

Dann kriecht er unter seine ![] .

Er stellt den ![] und sagt:

„Schlaf gut, ![] !"

Als die  über den aufgeht,

ruft : „Wie schön es hier ist!"

Er schnappt sich und ,

holt das  und geht zum .

 putzt erst sich selbst die  ,

dann seinem  .

Plötzlich klingelt der  .

Das  bäumt sich auf.

 fällt in den  .

Das  läuft wiehernd davon.

 stöhnt: „Ich bin ganz nass!

Ich muss meine  trocknen

und das  wieder einfangen."

Er legt die nasse

auf einen  über das  .

Dann läuft er dem  hinterher.

Auf einem  nah beim

wohnt Schwarzer Falke  .

Er entdeckt  über dem

und überlegt:

„Bestimmt macht ein  die  ,

weil er mir etwas mitteilen will."

„Seltsam, was diese  sagen",

murmelt  : „Komm schnell ...

ein  fliegt ... um den  ."

 zögert nicht lange.

Er holt das  aus dem

und reitet los.

Als  am  ankommt,

sieht er keinen fliegenden  .

Er sieht nur  und sein

um das  laufen.

 schreit: „Halt!"

Aber das  gehorcht nicht.

Da fängt  es mit dem  ein.

 bedankt sich bei  : „Wie gut,

dass du zufällig vorbeigekommen bist."

„Nicht zufällig", sagt  ,

„sondern wegen deiner  ."

Er zeigt auf das  und fragt:

„Wieso grillst du eigentlich deine  ?"

„Oje", ruft  und

rennt schon wieder los.

Berg

Zahnpasta

See

Bert

Sonne

Decke

Indianer

Wecker

Schwarzer Falke

Hose

Fisch

Feuer

Zähne

Baum

Lasso

Ast

Zelt

Zahnbürste

Rauchwolken

Pferd

Die Nachtwache

Rote Feder  sitzt vor dem

und streichelt seine  .

Die  schnattert zufrieden.

Da kommt Dickes Wiesel .

 lacht: „Du und deine  !

Seit sie aus dem  geschlüpft ist,

verwöhnst du sie.

Die  gehört in den  ."

Entrüstet sagt  :

„Meine  wird niemals

im  landen. Niemals!

Lieber verhungere ich."

Die  schnattert zustimmend.

 seufzt: „Schon gut."

Dann sagt er: „Heute Nacht muss ich

die  bewachen. Hilfst du mir?"

 schüttelt den  .

Da bettelt  : „Bitte, bitte!

Ich gebe dir auch ein paar  ."

„Na gut", meint  .

„Aber meine  kommt mit."

 ist einverstanden.

Der  geht über dem  auf.

 und  liegen im

und bewachen die  .

 gähnt: „Bin ich müde!"

„Und ich erst", sagt  .

 und  schlafen tief.

Auch die  schließen ihre  .

Nur die  ist noch wach.

 rascheln.

Die  schnattert leise.

 knacken.

Die schnattert lauter.

Zwei gelbe  funkeln im  .

Die  schreit, so laut sie kann.

 wacht auf

und sieht einen  im  .

Er weckt  : „Hilfe! Ein  !"

Der   klettert auf einen 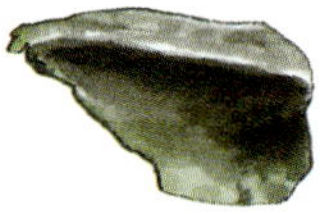 .

Er will auf ein  springen.

Doch  packt  und  und

schießt **3** auf den  ab.

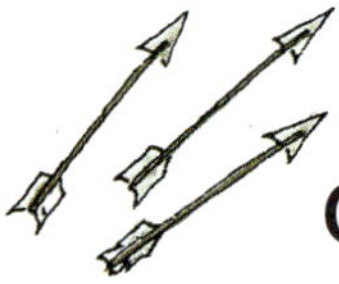

Der  flieht ins  .

Erleichtert sagt  :

„Gut, dass du den  gehört hast."

 sagt: „Das war nicht ich!

Meine  hat den  gehört

und mich geweckt."

 streichelt die

und sagt: „Gut gemacht! Danke."

Ei

Augen

Äpfel

Gans

Äste

Wald

Gebüsch

Blätter

Rote Feder

Zelt

Mond

Gras

Puma

Pfeil

Kopf

Felsen

Bogen

Dickes Wiesel

Pferde

Kochtopf

KÄNGURU Lesestufen-Modell

So macht Lesenlernen richtig Spaß – mit Büchern, die auf die unterschiedlichen Lernphasen zugeschnitten sind: 4 Lernschritte, 4 Buch-Reihen.

»Kinder werden dann zu begeisterten Lesern, wenn Buch und Leseentwicklung zusammenpassen.«

Prof. Dr. Manfred Wespel, lesedidaktischer Berater des KÄNGURU-Programms

»Bildergeschichten zum Lesenlernen«

2. Lesestufe ab 6 Jahre

- eine abgeschlossene Geschichte in Bildern
- lustige und abenteuerliche Handlung
- großes Format
- gut lesbare Fibelschrift

»Mit Bildern lesen lernen«

1. Lesestufe ab 5 Jahre

- kurze lustige Geschichten mit einfachem Text
- Bilder ersetzen Hauptwörter
- sehr große Fibelschrift
- fünf doppelseitige Suchbilder

4. Lesestufe ab 8 Jahre

- jeweils eine längere spannende Geschichte
- viele farbige Illustrationen
- große, leicht lesbare Fibelschrift

3. Lesestufe ab 7 Jahre

- mehrere kurze Geschichten zu einem Thema
- klare Textgliederung als Lesehilfe
- große Fibelschrift
- viele farbige Illustrationen

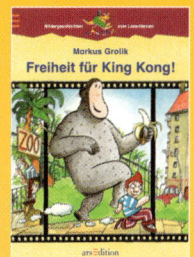